Panta rhei

tout s'écoule...

20 mars 2020 - 16 mai 2020

parce que l'écriture est un
un refuge et une fuite
et la lecture un grand
plaisir
Claire

Textes Claire DELHOMME - Illustrations Guy FERRER

Je remercie mes premiers lecteurs, sans leur soutien je n'aurais pas écrit pendant toute la durée de ce temps exceptionnel du confinement, et j'exprime ma gratitude et mon amitié à Guy FERRER qui a accompagné sa lecture bienveillante de nombreux dessins. Sa participation à ce livre a été majeure et nous avons réalisé une composition à quatre mains qui m'a rendu les moments d'incertitude beaucoup plus légers.

20 mars

Il y a des jours que l'activité humaine s'est réduite, les rues de la ville sont quasi désertes et parmi les rares personnes que l'on croise le port du masque est fréquent. Un aspect des rues asiatiques dont j'ai le souvenir sans l'activité intense et le grouillement humain. Les journées s'étirent entre lectures erratiques, conversations sur Internet et préparation des repas. Cette léthargie ressemble à ces grands draps blancs que l'on pose sur les meubles dans les maisons que la mort abandonne, légère et protectrice, car l'enfermement est mesure de défense contre l'épidémie.

La rupture des habitudes et la diminution forcée de toute activité laissent l'esprit en vacances, un peu flottant comme un nuage qui s'effiloche. Il va falloir trouver des façons d'aller de l'avant pour traverser cette plage de temps dilettante sans s'enfoncer dans des sables mouvants. C'est le moment de sortir les livres oubliés pour d'autres plus pressants, et c'est une vraie joie d'en retrouver certains comme ceux d'Almudeina Grandes et Roberto Bolano.

Ce serait d'ailleurs l'occasion d'établir un rangement, on pourrait mettre les livres de Deville avec ceux de Cendrars, de Ian Mc Ewan avec Jonathan Coe. Tabucchi avec qui ? En déplaçant les livres, dans mon esprit affleurent, fugaces, quelques trames narratives et les lieux, pour certains, où ils ont été lus. Le gros recueil des textes de Nicolas Bouvier a longtemps gardé, coincés entre les pages fines, les grains de sable des plages de Minorque où sous un ciel étincelant je savourais *L'usage du monde* et enviais l'intensité de ses voyages. Je trouvais l'homme solaire et aventureux avant de découvrir plus tard qu'il avait fait de longs séjours dans la dépression.

« *Nous occupons dans le temps une place infiniment plus grande que celle que nous occupons dans l'espace* » dit Cees Nooteboom. Ces deux écrivains sont liés, pour moi, à cette petite île des Baléares, encore un peu sauvage, où Nooteboom séjourne régulièrement depuis des années.

Sa Minorque ressemble à la mienne: petits murs de pierres sèches sur lesquels poussent des câpriers, champs secs dominés par de gros caroubiers, figuiers de barbarie cyclopéens, les criques désertes le matin et une mer à la jeunesse éternelle. Il a la chance d'y résider plus longtemps que moi ; chaque fois j'y suis partie avec mon sac de livres choisis pour l'été. J'y ai lu ainsi *Le llano en flammes* et son âpreté entrait en résonance avec la chaleur de la terre rouge et poussiéreuse. J'ai le souvenir d'une énorme lune rousse très basse au-dessus de l'eau noire qui veillait, souveraine, sur les petits bateaux de pêche ; une lune préhistorique comme les amas de pierre ou *talayots* disséminés sur l'île. Ma mémoire involontaire me projette de ma bibliothèque sur une île méditerranéenne, les souvenirs tournoient comme un banc de poissons et je n'ai qu'à y plonger une épuisette, celle achetée au bazar, à manche de bois et nylon bleu, que chaque été on jetait avant de reprendre le ferry-boat.

Pour les lecteurs, le hasard n'existe pas. Bouvier et Nooteboom ont tous les deux dansé autour du monde, ils ont observé et médité, exprimé le sens et la moelle de ce qu'ils ont vu, ils ont été des yeux qui écrivaient. J'ai rangé Blaise Cendrars à côté d'eux, le Suisse errant, celui de *Bourlinguer*, en édition de poche dont la première page sur Venise est une pure invitation au départ. Onze chapitres, onze ports, un mélange d'aventures et d'érudition, une écriture poétique et effervescente lue sur une plage devant la mer, pendant ces vacances propices aux lectures qui larguent les amarres.

dans les maisons que la mort abandonne

... l'esprit flottant comme
un nuage qui s'effiloche ....

25 mars

Pendant ce temps le monde entier se ferme comme une huître géante, le virus a eu raison de l'économie, a écrasé la diversité de l'information, tous les pays les uns derrière les autres sont touchés et on suit, sidéré, la progression de la mortalité derrière nos frontières qui ne se traversent plus.

Il y a des îles où s'inventent des mondes. *Féeries dans l'île*, de Gérald Durrel avait été une révélation, une ode à l'île de Corfou où l'auteur forgea sa vocation de naturaliste. Je l'avais savouré à Mallorque, à l'adolescence, au temps où je ramassais des bernard-l'hermite avec mes frères que nous abandonnions dans la cour au fond d'un seau de plage. Notre île n'avait pas la richesse insolite de celle de Durrel mais j'y puisais la consolation de longues brasses solitaires entre les pages tournées. Les plages de mon enfance étaient océaniques, aux vagues puissantes et odorantes, c'est plus tard que je découvris les lauriers roses et les eaux envoûtantes de la Méditerranée, la vieille ville de Palma et sa cathédrale de pierres blondes, la Seu, qui se regarde dans l'eau, altière et élégante.

Puis-je dire que dans cette mer j'ai été violemment heureuse ?
L'imagination ouverte par la lecture, le corps nu et halé, salé et reposé, la nage lointaine éprouvant la puissance des jambes et le saut du bateau où sur le pont de bois on se transformait en lézard palpitant au soleil, la sensation pure du corps traversant la fraîcheur liquide et verte.
Car il y eut ensuite les îles grecques, à bord d'un long bateau à voile, les mouillages forains et le luxe incroyable de rivages déserts en plein été, les petites églises orthodoxes blanchies à la chaux, rondes et ramassées, les oursins et les chèvres aux pupilles verticales. Les noms de ces îles, Mykonos, Naxos, Patmos, Kos, Symi, Nissiros forment un collier de perles dont chacune est un monde d'eau et de pierres, collier que j'égrène comme un chapelet en ces temps difficiles. Ma seule prière est d'y retourner …

il y a des îles où s'inventent des
mondes

2 avril

L'appel des îles est irrésistible lorsqu'on est confiné. Ma mémoire fait des ricochets sur la mer et dans les gerbes d'écume réveille le désir, provoque des sursauts. Je suis à Délos, déserte et énigmatique comme un tableau de Chirico. Les lions, les temples d'Appolon et d'Artémis et les deux gigantesques phallus dressés sur des piliers de l'autel de Dionysos, tout résonne dans le ciel pur et tout est silencieux. Quelques chats faméliques errent dans les propylées.

« *Midi le juste y compose de feux*
La mer, la mer toujours recommencée. »

Ces vers de Valéry s'incarnaient pleinement dans ces lieux, dans le silence grec de cette île rendue visible par les dieux. Puis c'était l'arrivée dans l'immense baignoire indigo de Santorin, l'avancée lente le long des parois volcaniques et la découverte des villages agrippés au bord, d'un blanc pur. La chance de s'amarrer à un des cinq corps-morts, tandis que la foule grouillait en haut de la caldeira, et de s'étendre sur les petits cailloux multicolores.

La sensation d'arriver au coeur des choses dans ces paysages secs et pauvres, de se blanchir au grand soleil méditerranéen, de retrouver l'enfant en moi et d'effleurer du doigt l'éternité dans l'éblouissement de l'été, cette sensation, je la retrouve pleinement au coeur de mes souvenirs.

Accrochée à ma bibliothèque comme à un radeau, je navigue sur l'étendue élastique du temps. La comptabilité funèbre se poursuit dans les medias, les comportements erratiques aussi. Les asiatiques sont agressés, certains mangent du Plaquenil en croyant s'en sortir, les magasins ont été dévalisés en pâtes et papier hygiénique. Il est très difficile à l'esprit humain de vivre dans l'incertitude et les métaphores guerrières déferlent dans les discours.
Mais quelle guerre passe par l'évitement et l'attente passive ? La seule arme serait un vaccin que nous n'avons pas.
J'ai rangé ensemble les livres des hommes pour qui la grande affaire c'est de bouger ; bien sûr ceux de Patrick Deville, surtout *Peste et Choléra*, figurent en bonne place. Il semblerait que *La Peste* de Camus soit devenue depuis quelques semaines un livre de chevet ; je proposerais un contrepoint avec ce récit passionnant de la vie de Yersin, inventeur du vaccin contre la peste, lui-même grand voyageur. Pour les lecteurs, le hasard n'existe pas....

Plus d'un milliard d'êtres humains confinés. Comment font-ils en Inde ? Où sont les dizaines d'enfants dépenaillés aux grands yeux noirs qui peuplent les rues crasseuses ? Comment font les japonais dans leurs petits appartements sans pouvoir partager la promiscuité polie de leurs trottoirs ? Comme les Espagnols doivent être malheureux sans le partage des tapas dans les bars ! Des photographies des avenues parisiennes vides évoquent ces films sur la deuxième guerre mondiale lors de l'occupation allemande.

Ma bibliothèque est mon choix, elle reflète mon regard et ma curiosité. Certains livres y sont depuis 30 ans, transportés plusieurs fois et leur intérêt n'a pas faibli. J'ai passé des heures innombrables à lire, souvent soulevée de terre, parfois dans la félicité. Je ne me suis jamais sentie seule avec un livre, j'y ai souvent fait des rencontres intimes.

J'ai lu pour comparer mes sensations et mon regard à ceux des autres, au détour d'une phrase j'ai ressenti une fraternité et cela confortait ma pensée, l'élargissait aussi.

« *Nul homme n'est une île entière en elle-même* » écrivait John Donne. Comme j'ai navigué de Rhodes vers Nissiros puis vers Kos, je suis allé de Garcia Marquez vers Yourcenar puis vers Morrison ... et tant d'autres.

Il est des expériences dont on ne guérit pas, celles où la présence au monde relève de la ferveur. Les rues de Lindos désertes au lever du soleil et les marches vers l'Acropole hautes et raides , la baie de Saint Paul comme un bénitier où se prélasse une eau émeraude , l'arrivée le matin dans le port de Palma au début des vacances et la première ensaimada poudrée de sucre de l'été , retrouver Cadaquès au mois de juin et le premier bain sur les galets glissants , l'odeur des aiguilles de pin et de la résine , celle de la peau au soleil puissante et enivrante , la fraîcheur des petites églises orthodoxes après l'effort de la montée pour y accéder , la liste est longue des souvenirs souverains. La disponibilité forcée de ces heures permet un accès à des sensations fugaces, elle réactive des perceptions pleines et sensuelles. Ce sont peut-être des moments où j'ai été traversée par le monde, où il était transparent.

plus d'un milliard d'êtres humains
CONFINÉS

les enfants dépenaillés
aux grands yeux noirs

4 avril

La pandémie confronte les pays, qui a le mieux géré ? Faut-il envoyer des drones pour surveiller les rues vidées ou faire comme les coréens qui ont testé tout le monde ? Dans la presse s'ouvrent de grands débats sur la démocratie et sur les conséquences économiques. Pendant ce temps en Suède et aux Pays-Bas, la population, bravement vaque, à ses occupations. C'est le grand tintamarre, la grosse cacophonie. Faut-il porter des masques ? Oui mais il n'y en a pas. Faut-il traiter par de l'hydroxy-chloroquine ? La voix du professeur Raoult, rogommeuse, détonne ; elle nous rappelle que pour sauver des vies humaines tous les moyens sont bons et qu'il faut savoir revenir à des principes simples. Je l'imagine bien discuter avec Yersin de l'état de la recherche médicale. Celui-ci, médecin militaire envoyé en Indochine, fut dépêché à Hong Kong en 1894 pour lutter contre la peste dans le sud de la Chine. Il découvrit le bacille puis 2 ans plus tard inventa un sérum anti-pesteux et, fort de son succès, retourna planter des *Cinchonas* pour fabriquer de la quinine au Vietnam. Tout simplement…

« *Il y a un autre monde mais il est dans celui-ci.* »
A quoi pensait Eluard ? J'ose croire à ces moments de communion où la vie prend tout son sel, où corps et esprit sont emportés par une vague, où peut-être on s'approche de ce fameux *satori* auquel tend l'enseignement du zen. L'illumination viendrait du bleu de la mer, de l'or du sable, de l'argent des feuilles d'oliviers, du rougeoiement derrière les paupières au soleil, du chant des cigales. Cela serait un état de réceptivité totale et de saturation des sens, de pleine acceptation. Cette belle histoire d'Eveil dans le bouddhisme s'incarne-t-elle dans ces visages de pierre apaisés au fin sourire énigmatique ? Les yeux fermés sous l'arc des sourcils enferment le mystère de l'esprit ou le vide total, l'absence de désir.

La décrépitude, le fouillis des rues envahies de marchandises et d'activités qui en Europe n'ont pas lieu en plein air, l'impressionnante toile d'araignée des fils électriques surplombant la fourmilière humaine, les milliers de motocyclettes pétaradantes, toutes ces injonctions visuelles ouvrirent une porte soudaine. J'ai ressenti qu'elle s'ouvrait à toute volée au Vietnam.

Aucune lecture ne peut rendre l'intensité d'une rue de Hanoï ou de New Delhi.
Aucune lecture ne peut rendre compte de la beauté du Fort d'Amber près de Jaipur, du Temple du Ciel à Pékin ou de ceux de Nikko perdus dans les troncs immenses des cryptomères. *La voie royale* d'André Malraux ne m'avait pas préparée à la vision si poétique des temples d'Angkor, à ces constructions ouvragées et en ruines emprisonnées dans les racines des fromagers, aux centaines de visages qui ornent le temple-montagne du Bayon, à ces restes sublimes d'une civilisation disparue.

Calvino avec *Ses villes invisibles* a illustré la difficulté de rendre les images, l'impossibilité de décrire un ailleurs sans qu'il reste silencieux à qui ne le connaît pas. Le plaisir c'est décrire ce que l'on a reçu avec les mots justes, c'est rendre à la vie un fragment du monde et que cela soit lumineux et partagé.

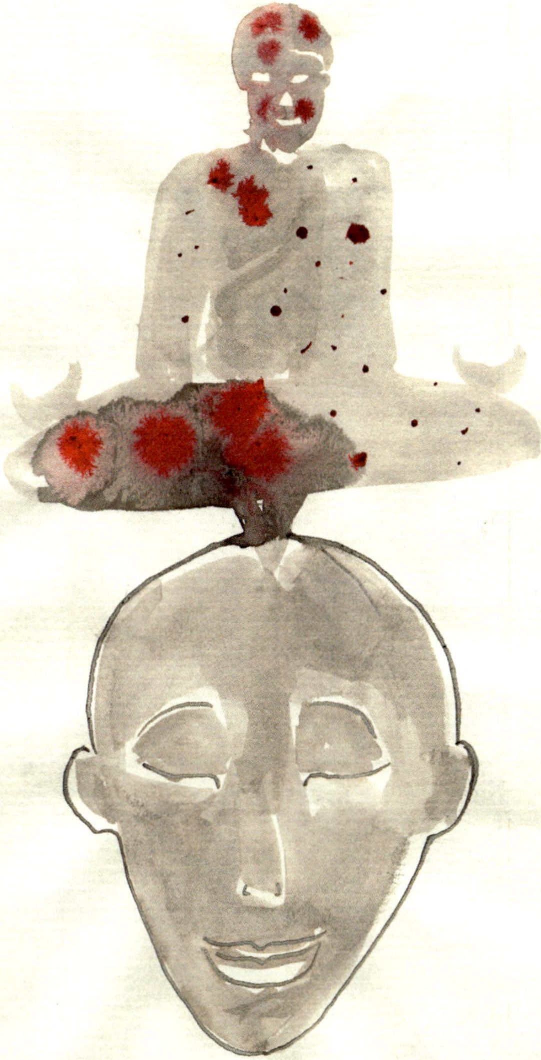

... sous l'arc des sourcils,

le mystère de l'esprit...

7 avril

L*es villes comme les rêves sont faites de désir et de peur.* » Il faut croire que je ne n'avais que du désir. Celui du changement d'univers physique et mental, de mettre les yeux au service d'une attention régénératrice, d'oublier mon ego pour me remplir d'ailleurs.

Revenons aux livres. « *Il faut aiguiser ses rapports avec les choses* ». De nouveau Bouvier, dans ses *Chroniques japonaises*. Le texte, ouvert au hasard, suscite des images vives. Je me souviens, à Nara, d'un temple shintô dans lequel des centaines de lanternes de bronzes attendaient, suspendues, que la nuit tombe pour s'illuminer, lanternes aussi nombreuses que les écoliers en uniforme dépliant leurs *omikuji* avant de les accrocher sur leur support. Je me souviens, à Tokyo, d'un homme promenant en laisse un cochon astiqué comme une porcelaine sans éveiller aucune curiosité, d'un soir de pluie, en haut de l'hôtel à Asakusa où Tokyo ressemblait à une ville de science-fiction, tours et néons noyés et brouillés. Ce soir-là, nous buvions un whisky japonais et la petite serveuse avait taillé, au pic, des glaçons comme des diamants, merveilles de précision comme les petites pâtisseries et les emballages parfois plus beaux que le cadeau. Je me souviens de l'apparition d'une vieille japonaise en kimono violet et jaune qui descendait, seule, les marches d'un des temples de Nikko, me projetant par une faille temporelle à l'ère d'Edo. Je me souviens de la longue allée pavée et du jardin du temple zen Koto-in dans lequel se jouait une splendide symphonie de verts, des bambous aux érables, jusque dans mon bol de thé *matcha* dont la couleur et le goût de foin me firent goûter le jardin.

"Les villes sont faites de désir et de peur"

TOKYO
Je me souviens à Tokyo...
un homme promenant en laisse un cochon astiqué comme une porcelaine sans éveiller aucune curiosité

10 avril

Existe-t-il un « *motif dans le tapis* », comme le décrit Henry James, dans l'accumulation de mes livres ? Cette accumulation est le reflet de l'évolution de mes goûts, des questions qui m'agitent, des voies qui m'ont été ouvertes et de ma circulation dans l'univers des autres. Tous ces textes rassemblés forment un réseau et ces millions de mots ont dilaté ma pensée. Car il s'agit bien d'une dilatation et d'une élévation comme celle de la montgolfière qui prend de la hauteur.

Le temps que nous vivons est un vrai paradoxe : ensemble car les circonstances sont les mêmes pour tous et séparés physiquement de nos amis et de certains membres de nos familles. De nombreux commerces ne sont plus accessibles, cinémas, théâtres et autres salles sont fermés. S'annulent les uns derrière les autres les spectacles programmés et les vacances projetées. L'incertitude est totale sur la fin de la punition, les yeux sont rivés sur des courbes de progression de la contagion. Les nouvelles du Nord sont mauvaises, les hôpitaux naufragent. Ce qui se passe en Inde est bien au-delà de mes craintes, ce sont des millions de personnes qui marchent sur les routes pour retrouver leurs villages et ce seront bientôt des milliers de morts. Les États-Unis sont entrés dans la tempête. Il y a maintenant 2,63 milliards d'individus confinés.

« *Le monde est un livre et ceux qui ne voyagent pas n'en lisent qu'une page* ». Cette belle métaphore est de Saint-Augustin, d'abord professeur de lettres puis père de l'Église. En miroir, on trouve la bibliothèque de Babel, celle de Borges, qui contient l'univers tout entier, le vieil aveugle dont les nouvelles m'avaient été une révélation à 20 ans.

Ces textes précis et ciselés, d'une érudition profonde, déroutants et vertigineux, je les ai lus il y a longtemps et cependant ils conservent une aura intacte, celle de m'avoir fait deviner des univers enchâssés comme des poupées russes, des livres sans début ni fin, des dérives fictives. Borges était un signal de reconnaissance entre initiés, les titres de ses livres des sésames :

L'Aleph, Histoire de l'éternité, Le livre de sable… Avec quelle ferveur je lisais dans ces années-là et, au même moment, je découvrais la peinture de la Renaissance. J'ai longtemps étudié sous le regard gris et un brin goguenard d'un homme au chapeau rouge, agrandissement d'un petit portrait du musée Correr à Venise. Saint-Augustin convoque, aussi, dans mon esprit la fresque de Boticelli qui le représente dans son cabinet de travail dans l'église Ognissanti de Florence. La grande élégance de la posture, le visage fin et ascétique, le front plissé sous une couronne de cheveux blancs, réfléchissant le regard levé au-dessus de son livre, la finesse du trait, tout m'avait immédiatement séduite.

J'avais fait, grâce à un guide d'exception, un parcours d'une *Cène* à l'autre, de celle de Ghirlandaio dans le réfectoire d'un cloître à celle de Castagno, l'une bucolique et ensoleillée, l'autre dramatique, l'assemblée entourée de murs de marbre. Le souper avait-il la même saveur à l'ombre des citronniers et veillé par des oiseaux que dans la salle trop richement décorée et fermée comme une boîte ?

Je suis retournée à Florence et je n'aurais pas dû, elle est envahie de touristes et de perches à selfies, entrer dans les Offices est une gageure. Seul le couvent San Marco est préservé, les fresques de Fra Angelico restant dans une relative quiétude. Anges roses aux ailes bariolées, vierge bleue, palmiers et jardins dignes d'un conte oriental, luminosité des couleurs et sérénité des scènes même de torture, chaque moine avait sa fresque et il devait entrer dans la méditation et la prière en la contemplant. Évidence et clarté, la vie des moines devait être à l'image de la seule fenêtre ouverte dans leur cellule : la fresque unique et vénérée.

EXISTE-T-IL UN MOTIF DANS LE TAPIS

le monde est un livre et
ceux qui ne voyagent pas
n'en lisent qu'une page Saint Augustin

11 avril

Fenêtre ouverte dans l'esprit, cellule fermée, me manque la foi dans un au-delà mais la tendresse et la lumière du visage de la Vierge me comblent. La même ineffable douceur se retrouve dans celle de Messine sous son voile bleu, très belle jeune femme. La main levée comme un oiseau qui s'envole, elle me dit d'attendre, elle vient de lever les yeux de son livre et elle est suspendue dans son inépuisable jeunesse, dans le mystère de la révélation qui est celui de la maternité. L'ange s'est absenté de cette annonciation. Le voile est comme un auvent et il se découpe, rigide, sur un fond d'un noir pur comme celui qui est au centre des toiles de Sanchez Cotán. Le vide est périphérique chez Messine et central chez Cotán. Il dispose des fruits et des légumes, choux et cardons, en équilibre et suspension, violemment éclairés, très belle composition mais ne nous laissons pas leurrer: le sujet est le vide central et profond. Ténèbres ou purifications, ce sont les chemins qu'empruntent les mystiques ; Saint Jean de La Croix suit la voie difficile de la Nuit Intérieure pour s'approcher de Dieu. « *En una noche oscura con ansias in amores inflamada.* » Ce premier vers du poème de Saint Jean se trouve sur une plaque devant le carmel à Tolède, c'est la ville où il est emprisonné en 1577 et il y traverse une violente crise mystique.

Cette année-là, le Greco reçoit la commande de l'Expolio pour la cathédrale de Tolède. Pure coïncidence ? L'obscurité des portraits du Greco est évidente, la fraise en dentelle appelle une lumière chiche sur les visages pointus des chevaliers. Saint-Augustin n'est pas baigné par la clarté divine italienne.

Il a l'œil creux et le visage fatigué, une petite tête chenue et ratatinée allongée par la même barbe trop longue de Saint-Jérôme. Il a du mal à porter sa lourde cape d'or qui scintille sourdement, sa mitre, sa crosse et l'église miniature qu'il présente dans sa main. Tout l'accable, et surtout sa vieillesse. Les cieux, sur lesquels il se détache comme une colonne, sont tourmentés. *Les leçons des Ténèbres*, célébrées à Pâques, mettaient en musique des oeuvres de Saint-Augustin, *tonus lamentationum*.

L'interruption de l'activité économique amène d'autres lamentations dans le monde. Les économistes calculent le prix d'une vie humaine, on met dans la balance d'un côté le nombre de morts et de l'autre les pertes financières, heureusement que la Justice a les yeux bandés. Aux États-Unis, une vie sauvée ferait perdre 2 millions de dollars, dans les pays pauvres on peut sauver une vie pour 3000 dollars... Des milliers de travailleurs manuels sont obligés de travailler pour survivre ; les inégalités, déjà criantes, se creusent à la vitesse d'un tremblement de terre. Notre société pourrait se désintégrer comme l'Empire de Rome. Lamentations en temps pascal, celles de Jérémie déploraient la destruction du temple de Jérusalem, les nôtres, celles de notre économie.

INFANTE

13 avril

La mémoire n'en fait qu'à sa tête. Je suis entré dans Tolède sur les pas du Greco, les orangers sont en fleurs dans le cloître de la cathédrale comme dans celui du monastère de San Juan de los Reyes. Espace rayonnant des cloîtres espagnols. Bien plus que les bâtiments auxquels ils sont accolés, c'est vers eux que je vais. Ils sont une ouverture au ciel pour des vies invisibles, vies de moines et de soeurs qui se sont enfermés dans leurs voeux, lieux de passage de la cellule à l'église, lieux de dévotion et de pureté. La multiplicité des colonnes et des arcades, leurs ombres découpées par le soleil sur la pierre des galeries, la fontaine et les arbres, parfois les fleurs, il y a un génie du lieu qui appelle à la contemplation et au silence. Voûtes nervurées, colonnettes, pilastres s'élevant vers le ciel ; un monde foisonnant de chimères et de saints habite les lieux construits par les Rois Catholiques. Mon esprit se vide, un peu béate, j'attends qu'un frère capucin passe, qu'il sorte d'un tableau de Zurbaran, de probité et de bure vêtu, « *glissant silencieux sur les dalles des morts* ». Lourde robe rugueuse de Saint-François, architecture de tissu brun surmonté du clocher de la capuche, d'où sortent deux mains noueuses qui tiennent un crâne, sidération devant l'austérité et la puissance de la toile. Je retrouve le tableau dans le catalogue de l'exposition de Bruxelles ; il est dans un musée américain, bien loin du couvent de la *Merced Calzada* où se trouvent les autres toiles de Zurbaran.

C'est un autre plaisir de ma bibliothèque : feuilleter des livres sur la peinture, retrouver des tableaux admirés même si rien ne vaut la confrontation physique avec l'oeuvre, la chance et l'émotion de voir l'original.

Dans ce temps d'immobilité contrainte et inquiète, où la lecture prolongée est difficile par manque d'esprit libre, le recours aux images est nécessaire et, chance, leur histoire est sans fin. Certaines sont inoubliables, fixées dans notre œil intérieur mais soumises à de discrètes variations qu'il est bon de corriger en les regardant de nouveau. Je ne sais pourquoi se sont imposés à moi les fresques de Fra Angelico, le tableau du Greco et ceux de Zurbaran. Les grandes femmes en tenue d'apparat qui siègent à Séville dans leur sainteté confirmée, Engrace, Catherine, Eulalie, Barbe, Marine conjuguent volupté et luxe des tissus somptueux, martyr et mysticisme, la douleur et la douceur. Leurs pendants sont les moines aux robes blanches, grises et brunes.

J'ai besoin de cette communication poétique et silencieuse, de leur signification profonde et symbolique, de la simplicité et de la lumière, de la spiritualité dans la matière. Isolé devant un fond d'une obscurité totale, l'*Agnus dei* renferme toute la tendresse du monde. J'ai besoin de recueillement, de la densité de ces images où le cédrat, la tasse blanche et la rose sont autre chose qu'une nature morte et dans leur perfection représentent Marie.

J'utilise, depuis le début du confinement, le principe du point de fuite en déplacement continu, comme sur un long rouleau chinois que l'on déroule, pas de vision d'ensemble, une lecture en continu, une promenade sur rouleau horizontal.

Je pensais que ce rouleau mesurerait un mois, malheureusement il va probablement doubler.

FERRER
180420
le but

18 avril

Dans une nouvelle très poétique, Marguerite Yourcenar raconte comment Wang- Fô, vieux peintre taoïste, se sauva de la cruauté de l'Empereur en embarquant sur le canot et s'éloignant sur l'eau qu'il venait de finir de peindre, en se perdant littéralement à l'intérieur de sa peinture sur rouleau. Puissance de l'écriture qui transforme l'idée de la dissolution en métaphore picturale. Le taoïsme est fait d'idées aussi hermétiques pour moi que celles de Saint-Jean, d'un dépouillement similaire pour atteindre une spiritualité élevée, un absolument rien, un vide dont je n'arrive pas à concevoir le sens mais dont je pressens la puissance. Je suis sensible aux paradoxes de l'indicible, aux mystères, aux icônes qui brillent doucement derrière les cierges, aux bâtonnets d'encens odorants devant des bouddhas dorés, à la cloche tirée dans les temples *shintôs*, à l'éblouissante Mosquée Bleue, aux robustes petites églises romanes, aux processions de saris dans le temple *jaïn* de Ranakpur, mais j'en suis spectatrice. Ma croyance est dans l'ici et le maintenant, cependant ces lieux où le sacré s'invente m'ont toujours attirée. Il faut dire que les hommes s'y sont souvent appliqués.

Un spectre surgit dans les pas du virus, celui de la famine. La peur a entraîné les stocks, les pays se replient sur leur production, le confinement empêche l'agriculture. La sécurité alimentaire est à l'ordre du jour ; pendant que le pétrole baisse, le riz et le blé augmentent. Sept pays ont signé un pacte pour protéger les chaînes alimentaires, l'Afrique et l'Asie du Sud-Est n'y sont pas. Les favelas ont faim. Aux États-Unis, des familles font la queue sur des kilomètres devant les soupes populaires. L'Europe scande comme un mantra « *Mangez local* ». Le virus révèle les limites du monde : la Terre a rétréci comme une orange, nous étions tous voisins et maintenant les liaisons sont rompues.

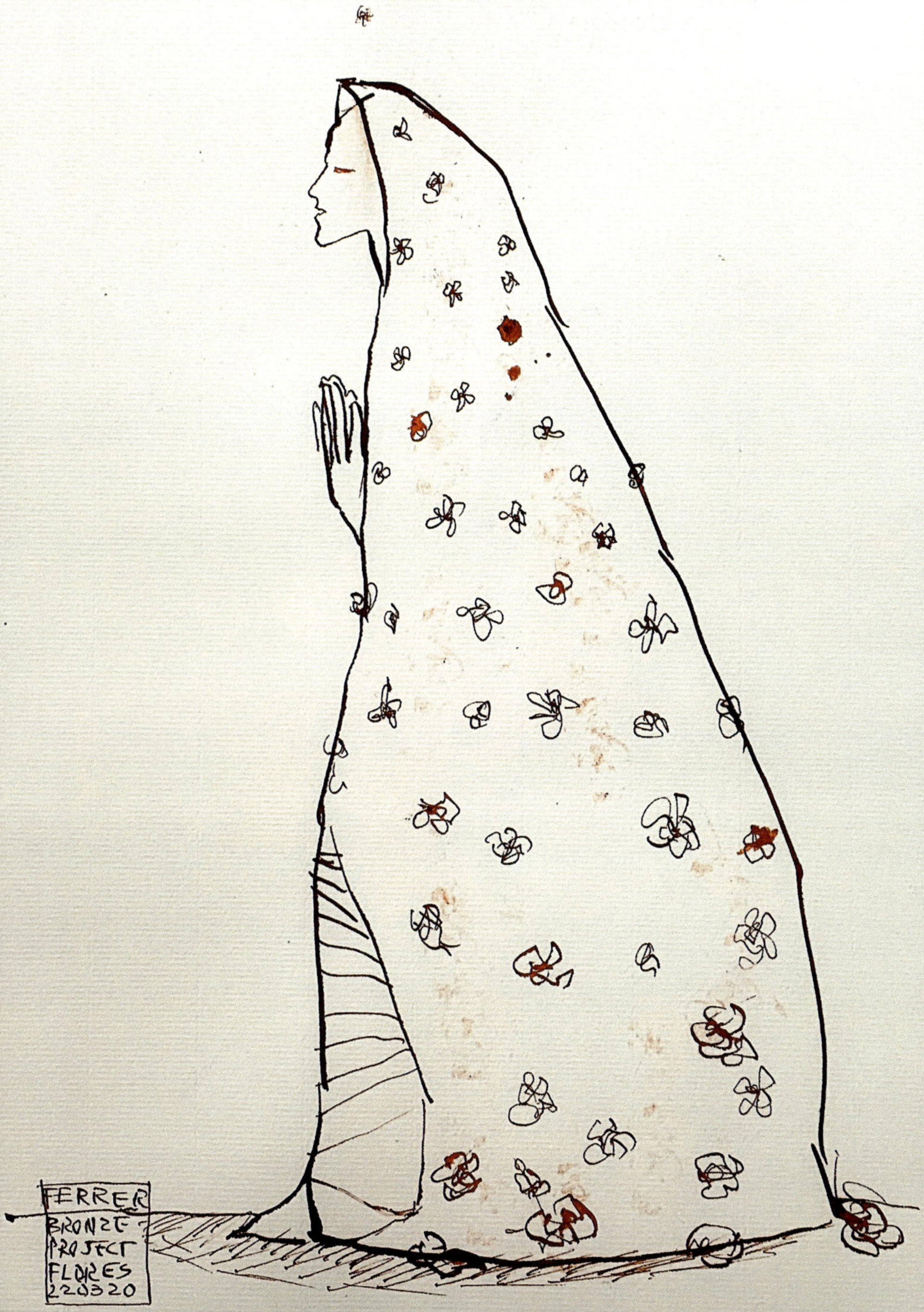
FERRER
BRONZE
PROJECT
FLORES
220320

19 avril

Ces réminiscences de lieux et de peintures permettent à ma conscience de déborder de l'enfermement, ce qui se joue est de l'ordre de la métaphysique. Je chemine depuis un éblouissement insulaire vers une théologie négative, celle qui insiste sur ce qui n'est pas, sur ce vide de la peinture de Cotán à la nuit de Saint-Jean et que j'ai retrouvé dans les jardins zen de Kyoto. Un détachement similaire entre les sūtra de la vacuité et la traversée du néant des mystiques. De l'*hortus conclusus* de la Vierge aux jardins de pierres et de mousses de Kyoto, il n'y a peut-être qu'un pas. Ils sont clos et objets de méditation, ils sont à la fois réels et abstraits. Je suis dans un monastère espagnol où je respire la fleur d'oranger et au Daisen-in où coule un immobile fleuve de gravier. J'ai beau m'asseoir silencieuse et attendre, regarder les îles - montagnes, pas d'éveil ; j'attends qu'un moine vienne ratisser le gravier, qu'un oiseau rompe la belle ordonnance...

Dans le cloître de la chartreuse de Saint-Martin à Naples, les balustrades du cimetière des moines sont surmontées de crânes de marbre blanc et par-dessus les tombes poussent des roses.

« La rose est sans pourquoi,
Elle fleurit parce qu'elle fleurit,
N'a cure d'elle-même,
Ne se demande pas si on la regarde. »

C'est ainsi qu'Angelus Silesius incite à l'abandon et on pourrait le suivre, presque, tant le lieu est intemporel. La chartreuse est un énorme édifice baroque en haut de la colline du Vomero et, de ses jardins suspendus, je surplombe la baie de Naples.

Cette grande ouverture maritime, au sortir de l'église aux marbres multicolores, est une vue lustrale. En dessous, s'étale la ville idolâtre où se liquéfie dans une ampoule le sang de Saint Janvier et où les catacombes, creusées dans le tuf de la colline, sont un labyrinthe de salles voûtées et de basiliques, règne des crânes. Dans La Chapelle Sansevero, le Christ mort couché est drapé d'un voile de marbre blanc dont la finesse et la virtuosité laissent transparaître les stigmates, mystère de la transparence du marbre.

Naples, un *memento mori*, un rébus de pierre où, au détour d'une rue, les collages d'Ernest Pignon Ernest hantent les murs et les recoins lépreux, Pasolini et Caravage, fantômes de papier sur la peau des murs.

La rose de Silesius est dans le même bouquet que la rose de Rilke, « *rose qui distribue cette troublante odeur de sainte nue* ». Le marbre blanc du Christ est le même que celui de Sainte-Thérèse qui se tord dans l'extase, sous la main légère de l'ange, à Rome, jouissance spirituelle qui en évoque une charnelle.

« *Dans une nuit obscure,*
Brûlante d'amour anxieux... »

20 avril

« *Lire, c'est aller à la rencontre d'une chose qui va exister* ». Italo Calvino l'affirme. Le processus de la lecture, mobilisant toute ma pensée, me dévoile des univers qui n'existaient pas avant que je les déchiffre. Le village de Macondo et la famille Buendia, enfermés dans les pages de « Cent ans de solitude », prirent vie et restent en moi. Nombreux sont les livres qui m'ont offert leur monde et j'y ai fait de très beaux voyages.

La métaphore du lecteur-voyageur est très ancienne, elle apparaît dans l'épopée de Gilgamesh en Mésopotamie, pays des premiers scribes et de l'écriture qui est un secret révélé, puissance des hommes contre les Dieux. Gilgamesh est le premier des héros et sa quête est celle de l'immortalité. Plusieurs siècles avant la Bible, sur les tablettes d'argile gravées de l'écriture cunéiforme, le Déluge est décrit. Gilgamesh, bien avant Ulysse, à la fin de sa quête, revient pour s'occuper de sa cité et accepter de mourir. Ces tablettes sont les mères de tous les livres et les premières bibliothèques sont à Ninive dans les palais des rois Assyriens, entre le Tigre et l'Euphrate. Elles contiennent des textes dont le rôle est d'assurer la protection du souverain ; l'écriture enferme le secret et il se transmet aux seuls initiés. Les signes sont révélation et chemin de recherche. Je suis l'enfant des Assyriens, de ces magnifiques guerriers aux barbes annelées portant une tiare exposés dans les salles du musée du Louvre, où les énormes taureaux ailés à tête humaine de Khorsabad montent la garde.

Les bibliothèques, comme les îles, sont des mondes. A côté de Lisbonne, dans le palais de Mafra, royal et plein d'échos, la bibliothèque est une immense croix, blanche comme une robe de mariée, où les étagères de style rococo envoient leurs volutes vers un haut plafond à caissons. C'est un endroit dont les parois sont saturées de livres et dont le centre est vide, pas de tables, pas de chaises, quelques globes terrestres rappellent aux Portugais leur passé conquérant. Il ne s'y passe rien, les livres sont momifiés et je pressens même que les vers y auront fait leur travail ; essayer d'ouvrir un ouvrage aboutirait, sans doute, à obtenir un misérable petit tas de papier émietté. C'est une bibliothèque morte, comme un grand cimetière, belle et sépulcrale. Les chauves-souris en sont les gardiennes, veillant sur trois siècles de culture. Elles naviguent, la nuit, entre les incunables.

Très loin de cette austérité, à Prague, la bibliothèque du Clementinum, créée par les Jésuites, est d'un baroque si exubérant que les fresques au plafond, les dorures et les colonnes torses éclipsent les livres. On ne peut pas y entrer, un coup d'oeil, les portes se referment et les livres retournent à leur veille. Les bibliothécaires cherchaient Dieu « *dans l'une des lettres d'une des pages de l'un des quatre cent mille livres du Clementinum* ». Ils devenaient « *même aveugles à la recherche de ça* » dans la nouvelle de Borges. Le vieil érudit argentin imagine aussi un lieu gigantesque, formé de salles hexagonales et contenant tous les ouvrages déjà écrits et tous ceux à venir. C'est la bibliothèque de Babel qui contient tout ce qu'il est possible d'exprimer, elle est cyclique et se répète : elle est donc infinie. Elle est surtout une spéculation métaphysique. La nouvelle de Borges a inspiré un informaticien qui a modélisé cette invention littéraire, une expérience sur Internet qui est aussi une immense bibliothèque.

On observe, depuis le début de la contagion, une érosion certaine des libertés individuelles. Bien sûr l'exemple de la Chine et l'état d'urgence sanitaire expliquent les décisions de confinement mais la surveillance de la population, dans différents pays, prend des allures inquiétantes. En Australie, le gouverneur peut placer des bracelets électroniques aux personnes infectées, en Nouvelle-Zélande une plateforme de délation a été installée. Les policiers chinois ont des lunettes de réalités augmentées, reliées à des caméras thermiques, qui permettent de repérer des personnes fiévreuses dans la foule. En France, nous serons encouragés à porter dans nos téléphones une application de traçage de nos contacts physiques. Il nous faut une attestation de déplacement dérogatoire pour sortir de chez nous et la police verbalise de façon abusive. Des infrastructures de surveillance se mettent en place à visée sanitaire, il ne faudrait pas qu'elles perdurent à visée politique. Les britanniques bradent leurs données de santé à une entreprise californienne d'analyse en lien avec la CIA. On est en train de construire un réservoir de données infini, mais ce ne seront pas des érudits qui les utiliseront. Borges en serait atterré.

FERRER

21 avril

La pandémie que nous vivons est double, celle de l'infection du corps et celle de l'esprit. Les fausses informations se répandent à la même vitesse que le virus à travers le monde, avec un pouvoir létal tellement fort qu'en Afrique du Sud, une loi les punit à six mois de prison. La chaleur et la peau noire protégeraient du virus… Panique sur les réseaux sociaux, il faut combattre aussi sur ce flanc-là. La lutte contre les rumeurs demande une riposte rapide des organisations mondiales, il en va de leur crédibilité ; elles doivent tuer les mythes, ceux d'un complot de la Chine, d'une manipulation génétique... La liste est longue et accablante. Facebook prend des mesures pour prévenir ses utilisateurs. Il ne sert à rien de se désinfecter à l'eau de javel, les boissons chaudes sont inutiles et ce n'est pas en retenant sa respiration que l'on peut faire un diagnostic. Rien ne soude plus les hommes que leurs ignorances communes, a dit un historien.

Naples cache dans son ventre la porte des enfers; la Sybille de Cume y guida Énée vers le royaume des morts. Elle expose ses crânes, les entasse, les vénère. Dans cette ville si populaire et si vivante, le culte des morts est vivace et les ossuaires partout, ville funéraire d'une beauté païenne, sauvage et dangereuse. Ombre et lumière, violentes toutes deux comme dans les tableaux du Caravage qui vint s'y réfugier. D'un noir de bitume émergent, éclairés par une lumière vive et jaune, le dos puissant d'un mendiant, une jeune femme donnant le sein à un vieil homme prisonnier, les deux pieds d'un homme qu'on enterre, une représentation théâtrale et complexe de la Miséricorde.

La toile est dans l'église du même nom, on vient toujours s'y prosterner devant le vortex que forment les deux anges, éphèbes aux ailes musclées, qui chutent pour l'éternité. Frères de ceux de pierres aux regards graves veillant sur la ville.

La dramaturgie profonde du Caravage rend vraisemblable ces deux anges suspendus dans l'espace comme des acrobates, même prouesse de celui qui vient visiter Saint Matthieu en robe flamboyante, à Rome, dans La Chapelle Contarelli. Les anges du Caravage ont la jeunesse et la beauté brutale des *ragazzi* de Pasolini, ceux qui courent toujours dans les rues de Naples.

« *Il suffit d'un instant de paix pour révéler, au fond du coeur, l'angoisse, limpide comme le fond de la mer par un jour de soleil.* » Pasolini et Caravage, subversifs et rebelles.

FERRER
18 05 20

..Naples expose ses crânes, les entasse, les vénère...

22 avril

« Maint livre agit comme une clé pour les salles inconnues de notre propre château. »

La métaphore de Kafka évoque l'énorme silhouette du château qui domine Prague. Il comporte des palais, des églises, des jardins et des cours ; Kafka habita plusieurs mois la ruelle d'or dans l'enceinte du château. La légende dit que des alchimistes y cherchèrent une formule pour transformer le plomb en or et l'écrivain y transforma sa détresse en une oeuvre étrange, entre cauchemar et labyrinthe. Puissance des livres qui transforment la vision d'une ville ; à Prague les antennes de Grégor Samsa envoient des vibrations inquiétantes. Les statues baroques du pont Saint-Charles, sentinelles sombres dans le halo des réverbères, rythment la promenade solitaire de Joseph K. et les hautes tours gothiques se découpent, menaçantes, comme des juges. Seul le petit cimetière juif aux pierres tombales relevées et moussues échappe à l'inquiétude ; de l'accumulation et la disposition anarchique des tombes émane une émotion fine et diffuse comme celle ressentie devant les cimetières bouddhistes où les multiples petites statues veillent, certaines avec des bavoirs rouges.

La connaissance commence par une reconnaissance, nous ne faisons qu'éveiller des possibilités latentes que nous avons en nous-mêmes. C'est la théorie de la réminiscence de Platon ; toute connaissance est un souvenir et, pour Salomon, toute nouveauté n'est qu'oubli. Qu'ai-je reconnu dans les tableaux du Caravage, du Greco et de Zurbaran ? Une sacralité évidente, en pleine lumière. Et dans les livres de Bouvier, Deville, Yourcenar ? Une curiosité immense et le désir de précision.

..cimetières bouddhistes où les multiples petites Statues veille
FERRER
060520

25 avril

Pendant que New York enterre ses morts dans des fosses communes, de nombreux pays sortent du confinement et imposent de respecter une distance physique. Ce qui était aisé quand nous étions reclus devient un vrai casse-tête. Nous allons devoir inventer des chorégraphies de l'évitement. Nous avons appris à ne plus nous embrasser ni nous serrer la main, à parler dans un masque pour ceux qui en ont eu. Comment reprendre l'école, monter dans le métro? Les psychologues se penchent sur notre état mental, l'impuissance et l'incertitude sont facteurs de souffrance. Reprendrons-nous, un jour, nos anciennes habitudes ? Nos sociétés vont-elles résister ?
En Inde, la promiscuité est le mode de vie. Le manque d'hygiène et la densité de la population, qui m'avaient affolée, vont rendre l'isolement impossible à gérer. La petite fille qui s'accrochait à moi dans les rues de Jodhpur, yeux noirs et douloureux, déjà malingre dans son sari poisseux, comment va-t-elle survivre ? Ces nuées d'enfants traînant dans les ordures, en guenilles, petits membres nus, affairés, où se seront-ils réfugiés ? Ces centaines de femmes, aux visages vieillis, lourds bracelets aux chevilles comme des fers, dans les yeux une douceur exsangue, comment vont-elles les nourrir ?

« *La vie, en Inde, a toutes les caractéristiques de l'insupportable : on ne sait pas comment on fait pour résister* » écrit Pasolini. Et pourtant, j'y ai vu de grandes beautés. Celle des *havélis* de Jaisalmer, aux multiples fenêtres et moucharabiehs, dentelles de grés jaune, qui semblent d'immenses cages à oiseaux désertées. Celle des guirlandes de fleurs fraîches, tressées à même le sol, pour honorer les dieux, blanches, jaunes et rouges dans les marchés puants. Celle des petites mains rouges des *satis* à l'entrée des forteresses *rajput*, où j'appliquais ma main en respect pour ces femmes brûlées pour leur veuvage.

Celle du palais de marbre blanc, détaché sur le lac d'Udaipur, où une pluie de pétales roses nous accueillit. Celle des petits jardins moghols et perses du fort d'Amber près de Jaipur, la ville où le palais des vents, de grès rouge et rose, aligne ses claustras. Celle du fort imposant, qui domine la plaine et la ville bleue de Jodhpur, où se succèdent les palais des perles, des fleurs et des miroirs et où les femmes en sari éclatants semblent, derrière les maillages de pierre, des Shéhérazades effrayées. Celle des éléphants de pierre couleur cendre sous la pluie. Celles des multiples sculptures de femmes aux seins ronds qui s'enlacent et ondulent auprès de leurs amants, sarabande de figures sensuelles ciselées dans la pierre, dans les temples jaïns où l'on fait voeu de non-violence. Celle de ces visages bruns, souriant malgré leur indigence, le front marqué d'une tâche rouge, sous des turbans noués avec adresse ou des voiles aux couleurs intenses et que je regardais avec admiration. Celle de toutes ces femmes que leurs saris transforment en vestales, marchant, droites, drapées de couleurs éclatantes. Celle du puit à degrés, le *Chand Baori*, dédale énigmatique d'escaliers qui descend vers une eau sacrée, au pied d'un temple, un lieu de géométrie et de rêve, d'une poésie et d'une force incroyables.

En Inde, la religiosité imprègne la vie. J'ai vu des moines ascètes déambuler tout nus, hirsutes, la barbe au vent, indifférents à tous et parfaitement dignes et sûrs, des pèlerins s'entasser sur des camions brinquebalants et bariolés, pour aller se baigner dans les eaux du Gange. J'ai vu les vaches faméliques, à tous les coins de rue, errant comme chez nous font les chiens, et les paons se promener en toute impunité.

« *Tout se réverbérait sur ma rétine, s'y imprimant avec une violence d'une vivacité propre à l'écorcher.* » - Pasolini.

femmes aux seins ronds
qui s'enlacent et ondulent
auprès de leurs amants...
FERRER
060520

FERRER
06 05 20

"visage brun
souriant malgré
l'indigence,
le front marqué
d'une tache
rouge…

2 mai

Tous les musées sont fermés, inaccessibles, les oeuvres muettes de ne pas être regardées. Dans le département des Antiquités Égyptiennes du musée du Louvre, se trouve le portrait d'une jeune femme aux trop grands yeux, morte jeune car son portrait est funéraire. Elle est peinte sur une planche de bois dans des tons gris et or, elle ne nous regarde pas, ses yeux sont des puits noirs de silence. Le modelé du visage, le grand arc des sourcils la rendent fascinante et intemporelle; la peinture à la cire lui donne un éclat que n'ont pas ses soeurs de Pompéi, évanescentes, dans les fresques. Elle porte des perles à ses oreilles et le petit rehaut de peinture blanche, qui fait scintiller la lumière, est le même que celui de la perle de Vermeer qui pend à l'oreille d'une autre jeune femme peinte 15 siècles plus tard. Celle-ci porte un turban bleu et elle a la jeunesse de la Vierge du Greco dont le fin visage allongé, les yeux un peu tristes, se retrouvent dans un dessin à l'encre de Picasso où elle porte un fichu car elle n'est plus vierge. Ce qui lie tous ces visages féminins est mon regard et ce que je retrouve en eux m'appartient. Nous sommes essentiellement des créatures d'images que nous essayons de lire. Dans le grand silence des tableaux, une présence instantanée, parfois, imprime pour toujours notre rétine et certains peintres nous parlent. Il existe une narration entre les images que j'aime ; j'aboutis à un point d'incandescence qui est la peinture de Rothko, vibrations lumineuses, temple de couleurs.

Des rondes s'organisent dans les musées clos, quelques-uns ont été cambriolés pendant ces jours vides. Les grandes expositions sont restées en suspens et les oeuvres prêtées prises en otage. L'inquiétude économique est majeure, combien de musées vont pouvoir se relever de ces semaines de pertes sèches? Quand pourrons-nous voir et revoir les oeuvres déjà aimées et celles à découvrir ?

...ses yeux sont des puits noirs de silence...

3 mai

Les jours s'allongent dans l'incertitude, quand allons-nous être un peu plus libres ? L'été s'annonce triste, les vacances sans but et il est impossible de faire un quelconque projet. On vit au ralenti, la décroissance tant souhaitée par certains est là, mais elle signifie une récession catastrophique.

La lecture devient plus difficile, le corps prend le dessus et il me vient de furieuses envies de nager dans la mer si proche. Ce qui pouvait être pris pour du temps à soi, un retour vers l'intériorité, devient un marécage où les livres sont des traverses parfois fragiles.

Le papier est la substance même de la mémoire. Inventé par la Chine en même temps que se construit la Grande Muraille, il arrive en Europe via la Sicile et l'Espagne par les Sarrazins au 12ème siècle. Avant, tout se passe sur des papyrus puis des parchemins. Les dynasties abbassides et fatimides choisissent le papier pour asseoir leur autorité. Le parchemin est le support des scribes et du palimpseste, le papier est celui du texte invariant et universel, celui de l'écriture individuelle et du travail intellectuel, des livres qui remplissent les grandes bibliothèques endormies ou bruissantes. Il y a 23 siècles, les premiers papiers emballaient des marchandises et les marchands chinois y apposaient leurs sceaux, puis le papier fut estampé sur une pierre gravée portant les textes de loi et distribué à travers l'Empire. Fragilité du papier, support de l'altérable, matière éminente des sociétés asiatiques qui privilégient l'éphémère comme symbole de l'existence humaine. Pérennité de l'écriture chinoise qui a traversé des millénaires, passant de la pratique divinatoire sur carapace de tortue aux pictogrammes sur papier de linge.

Il fallait une volonté d'acier à Fabienne Verdier pour s'engager dans la voie de la calligraphie chinoise au temps du communisme, une grande force intérieure pour se soumettre à la pratique et trouver un chemin vers les grandes toiles limpides et contemplatives que j'admirais à Aix.

« *Tous nous nous lisons nous-mêmes et lisons le monde qui nous entoure afin d'apercevoir ce que nous sommes et où nous nous trouvons.* »
Pour Alberto Manguel, la lecture est une fonction essentielle.
Fabienne Verdier a commencé par étudier la calligraphie occidentale allant de la quadrata à l'onciale, en revisitant l'histoire de l'écriture avant d'aller vers l'Extrême-Orient. L'intelligence du signe, l'élan, le dynamisme et l'unité de sa peinture, les traces sur fond de glacis vibrants et transparents provoquent une jubilation, l'impression de sentir une pensée en mouvement. J'ai lu dans sa peinture une élévation, un dépassement et un geste de tout le corps pour signifier, un engagement total.

Ce geste puissant, je le trouve aussi dans les grandes toiles de Joan Mitchell où les touches beaucoup moins contrôlées, s'éparpillant, dessinent des harmoniques ; le langage est plus difficile à saisir mais une gratitude immense me saisit devant la profusion des couleurs et leur énergie, émue sans pouvoir expliquer pourquoi, dans une espèce de flash visuel devant ces toiles immenses.

5 mai

A l'extrémité de la baie de la Concha, à Saint-Sébastien, trois grandes pièces d'acier sont arrimées dans les rochers. Ce sont les *Peignes du vent* de Chillida, fouettés par la mer. A ras du sol, l'artiste a créé des cheminées d'air et d'eau qui forment un orgue, l'eau produit, dans son va-et-vient, des sons multiples. Les griffes des peignes se dressent, puissantes et oxydées, rouges sur le fond bleu du ciel, comme un défi de l'homme à la mer, une tentative de capturer le cosmos. L'artiste dit ne jamais chercher la beauté, mais faire les choses comme il faut les faire et la beauté peut leur arriver. J'ajouterai, la liberté aussi, avec la confrontation à la puissance de la mer et du vent.

Le vide, dans l'oeuvre de Chillida, est le motif, sa sculpture et ses dessins se construisent autour ; c'est le vide de Saint-Jean de La Croix, le lieu où tout naît.

A quelques kilomètres, l'artiste a organisé un lieu magique autour d'une vieille ferme, *Zabalaga-Leku*, dont il n'a gardé que la très belle charpente de bois. Il y a laissé ses dessins noirs sur vide blanc, ses *Gravitations*, faites de papiers artisanaux découpés, cousus et suspendus à des fils, qui sont une musique silencieuse, la très belle métaphore de Saint-Jean cherchant à mettre des mots sur l'indicible. Chillida a transformé cette pensée en matière.

« *A partir de l'espace, avec son frère le temps, sous la gravité insistante, sentant la matière comme un espace plus lent, je m'interroge avec étonnement sur ce que j'ignore.* »

Avec Saint-Augustin Chillida a cheminé, aussi, lisant ses écrits sur la musique, science du rythme, de la proportion et de la mesure ; il a rendu hommage au philosophe par une immense sculpture où deux colonnes montent vers le ciel et s'achèvent par des bras qui se rapprochent sans se toucher.

Il a conversé avec Heidegger en illustrant un livre autour de l'art et de l'espace, réflexions sur la sculpture abstraite qui amèneront le philosophe à ses formulations ultimes. Penser de tout son corps.

Il existe une harmonie qui passe par le papier de mes livres, la peinture du sacré, les ossuaires, les mystiques, la liberté de la mer, les *Gravitations musicales* de Chillida et les calligraphies de Verdier.

Le rouleau que je dévide depuis plusieurs jours est, au sens où l'entend Manguel, une lecture intérieure.

9 mai

Le *kaïros* chez les Grecs est le petit dieu ailé de l'opportunité, à saisir quand il se présente. Il personnifie un moment, un point de basculement, un temps créant de la profondeur. Au moment où il passe, il faut le saisir aux cheveux. C'est l'instant où l'artiste doit s'arrêter et laisser son oeuvre vivre, où le médecin doit agir pour obtenir une guérison. Il a d'abord été utilisé chez les disciples d'Hippocrate pour déterminer le temps opportun pour soigner. Le temps du *kaïros* est celui que j'ai saisi pour écrire dans la durée du confinement, lente et sans projet. Il m'a permis de supporter la perte de la liberté d'aller et venir, des moments de convivialité, l'impossibilité d'avoir accès aux lieux publics, que les instants anodins de la vie deviennent fragiles et précaires. Ce temps mortifère du ralentissement et de l'effondrement, le petit dieu m'a donné le moyen de le sublimer et d'en faire le seuil, peut-être, d'autre chose. Ce *kaïros*, il faudrait que la société tout entière s'en saisisse pour changer, que des décisions fortes soient prises au sortir de cette décroissance subie. Il faudra que nous soyons prêts à affronter d'autres pandémies, aggravées par la mondialisation, avec d'autres techniques que celle de la quarantaine abandonnée au siècle dernier. Et pour cela se préparer.

18 04 20

10 mai

utant la rose de Silesius est silencieuse et symbolique, autant celles de Cy Twombly ruissellent de vie, énormes et brouillonnes. Elles sont éclosions et rayonnements, éclatantes, vibrantes et solaires. Elles sont gorgées de couleurs, saturées de larges traces circulaires et de coulures, elles semblent se répandre et tournoyer comme de grosses galaxies rouges, jaunes, roses, bleues en expansion sur l'espace de la toile.

Elles accompagnent une calligraphie hésitante, des graffitis où quelques mots évoquent des poèmes de Rilke, TS. Eliot, Emily Dickinson. Cy Twombly peint ces monumentales roses pour les donner à un collectionneur allemand, elles se trouvent au Museum Brandhorst à Munich. C'est un splendide remerciement de l'artiste à celui qui s'est engagé pour lui. La relation qui les lie s'appuie aussi sur leur amour de la littérature.

Lorsque l'ensemble des oeuvres est présenté pour la première fois, c'est sous le titre *Des chambres dans lesquelles le temps ne compte pas*. Ce que l'on ressent devant certaines oeuvres : une suspension, une suggestion, l'extraction du temps chronologique, un petit saut dans l'éternité, une sidération. Les fleurs de Twombly accompagnent les bribes tremblotantes de poèmes :

« Une rose seule, c'est toutes les roses
Et celle-ci : l'irremplaçable
Le parfait, le souple vocable
Encadré par le texte des choses. »

Pantarhei, toutes les choses coulent, Héraclite d'Ephèse a l'intuition du mouvement perpétuel du monde, de la course du temps. Dans les coulures de Twombly s'incarne cette pensée de la Grèce archaïque. Ses tableaux sont des espaces de résonance où il réactive, avec vivacité, l ´Illiade, Achille, Commode, Sesostris, Sapho, une pensée à champs ouverts.

A partir de traces antiques et de la poésie, à travers l'énergie du mouvement, il donne une perception du temps dans des tableaux sans limites. « *Je suis un peintre méditerranéen* » a-t-il-écrit. Sa mer est celle de Virgile, Seferis, Cavafy et Pound et elle est blanche.

« Clair blanc étincelant tremble
Lumière blanche
Reflétée dans la blancheur
Étale de la mer. »

Comme la blancheur des draps posés dans les demeures que la mort abandonne et que nous allons retirer, d'un coup sec, dans un grand froissement joyeux, puisque demain nous retrouvons notre liberté !

Roses
Eclosions
Foisonnements
Éclatantes
de vie ...
FERRER
100520

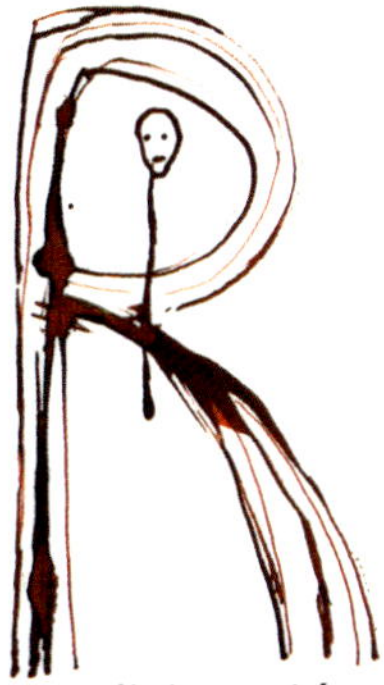

13 mai

Reprenant le catalogue de Verdier, je tombe sur l'expérience d'Héraclite selon laquelle toutes les choses sensibles s'écoulent sans cesse, pensée qui fascine l'artiste. Elle n'a de cesse d'inventer des possibilités techniques qui dérivent du pinceau tenu à la verticale par les Chinois. Elle crée un énorme pinceau d'où s'écoulent des litres de peinture et de tout son corps, elle le manie. Tout coule, tout s'écoule comme chez le philosophe. Chez Twombly, cela coule aussi, avec un pinceau horizontal. Cela se joue dans la gravité ... gravité insistante de Chillida...

La mémoire réorganise sans cesse, établit des connexions. Je viens de réaliser pourquoi j'ai associé ces artistes. Un voyage mental.

16 mai

De retour de la Grèce, Chillida se tourne vers le marbre, le calcaire et l'albâtre. Il cherche une lumière opaline et pure, une lumière blanche, laiteuse comme le Midi en Méditerranée.

Pour Cy Twombly, les trois quarts du temps, tôt, le matin, la mer est blanche, toute blanche. Ça n'est qu'à l'automne, lorsque disparaît la brume, qu'elle devient bleue. Dans ses toiles, ce blanc éclatant est la lumière de la Méditerranée. Pour les deux artistes, la Grèce est fille d'une lumière blanche.

Cette recherche de lumière originelle sera l'affaire d'Albert Camus aussi, si le monde résiste à la signification il faut y chercher un bonheur immédiat et sensuel. « *La terre, au matin du monde, a dû surgir d'une lumière semblable* ». *La Pensée de Midi*, qu'il emprunte à Nietzsche, l'heure de l'ombre la plus courte où domine la lumière, se fonde sur l'amour de la vie grecque d'un individu solitaire et solidaire, pensée de la tension lucide et intense, tragique et périlleuse. Cette pensée donne « *la force de caractère, de celle qui résiste à tous les vents de la mer par la vertu de la blancheur et de la sève* ». La possibilité d'un combat contre l'absurde.

« *C'est en moi-même que se fait tout cela, dans l'immense palais de ma mémoire.* »
Saint-Augustin, Confessions - Livre 10.

Il est aussi important d'avoir vu que de se souvenir, mais le palais est vaste et certaines pièces lointaines.

Plantée dans une grande chambre blanche comme la lumière grecque, je sens monter la mer le long de mes jambes, dans un clapotis silencieux, au loin des caps embrumés, la courbure du ciel comme une promesse, le léger bercement du bateau et je referme la porte pour m'immerger en moi.

Ce temps passé à explorer quelques pièces de mon palais m'a été donné par le déraillement de nos vies, par une suspension de la course au travail et aux obligations, par une nonchalance imposée.

Réalisé en France, sur les presses de l'imprimerie
Encre Verte, 7 boulevard Joseph Denoyes, 66000 Perpignan
250 exemplaires - Octobre 2020
ISBN 978-2-9573663-0-9

CONFINÉS